Couverture inférieure manquante

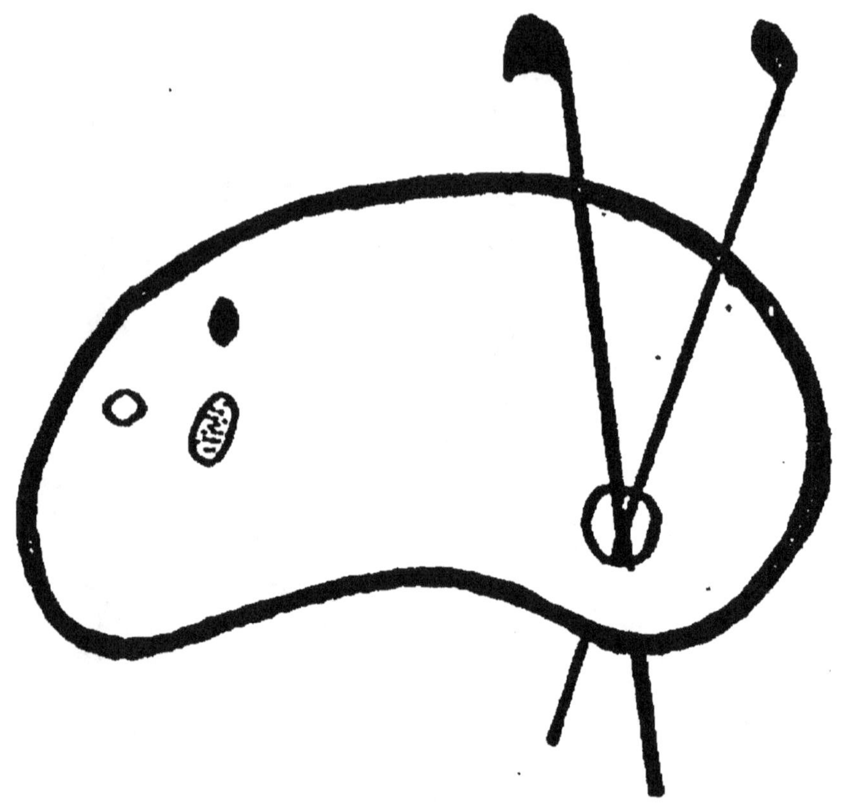

DEBUT D'UNE SERIE DE DOCUMENTS
EN COULEUR

LA COLONISATION PRATIQUE

A TRAVERS LE MAROC PACIFIÉ

*Ce qu'il faut en savoir
pour y réussir*

PAR

Pierre **MALLERET**

I. -- *Les Régions de Fès et de Meknès*

UN
FRANC

LES ÉDITIONS COLONIALES
1, RUE MONCEY -- PARIS
1919

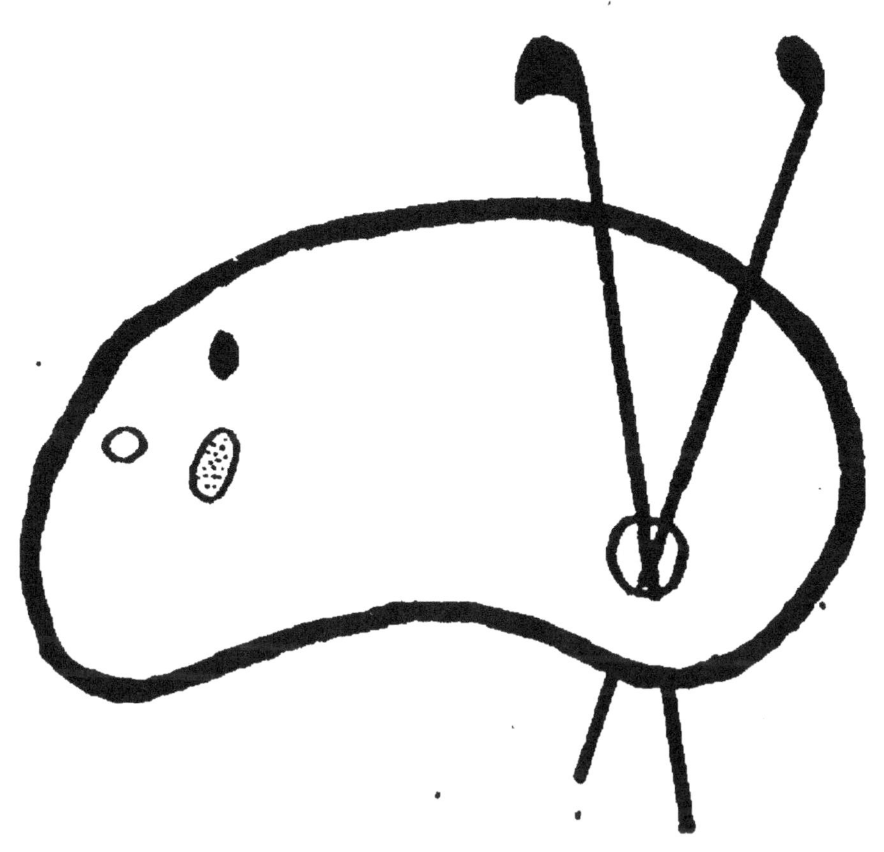

FIN D'UNE SERIE DE DOCUMENTS
EN COULEUR

Pierre MALLERET

A Travers le Maroc Pacifié

(I. — FÈS ET MEKNÈS)

LA REGION DE FÈS

Derrière les hautes montagnes de l'Atlas et les sauvages chaînes du Rif est née et s'est développée la perle de l'Islam, la ville de *Fès*, grande métropole religieuse du *Moghreb el Aqça* et cité artistique d'une beauté incomparable, que connaissent seulement les Européens qui vivent au Maroc et quelques orientalistes. A l'immense majorité des Français, ce nom de Fès n'évoque que peu de choses, pour ainsi dire même rien ; car, à part les lecteurs des journaux illustrés ou de quelques quotidiens d'information étrangère et coloniale, qui connaît les journées sanglantes de Fès d'il y a six ou huit ans ? Et cependant Fès, qui semble si éloignée de nous par le caractère fermé et fier de ses habitants, les *fasi*, et par sa situation géographique à une soixantaine de lieues de l'Atlantique, mérite davantage que des extases mystiques ou des dévotions contemplatives. Elle est un centre d'action économique de premier ordre sur lequel je me propose d'attirer, par les lignes qui vont suivre, l'attention des Français désireux d'aller coloniser au Maroc : l'agriculture, le commerce et l'industrie y appellent nos compatriotes.

I

Les conditions de la vie à Fès

L'Européen qui veut se rendre à Fès peut emprunter la voie d'Oran ou celles de Tanger et de Casablanca. Par Oran, il suffit de prendre le chemin de fer de l'Ouest algérien qui mène, en une demi-journée environ, à Oudjda où l'on passe la nuit ; puis le chemin de fer militaire Oudjda-Taza qui effectue le trajet en un jour ou deux, suivant la classe dans laquelle on voyage. Entre Taza et Fès le rail n'est pas encore posé : une maison française assure les transports par camions-automobiles. Il faut près d'une journée pour accomplir cette dernière partie du voyage.

Arrive-t-on à Fès par Casablanca, ce qui est le cas le plus fréquent, on prend place dans le chemin de fer militaire Casablanca-Rabat-Fès, qui met deux ou trois jours, suivant la classe, pour effectuer le trajet. Dans tous les cas, il faut compter passer une nuit à Rabat. Par Tanger, le voyage se fait en automobile jusqu'à Rabat en un jour — mais les services sont irréguliers et suspendus l'hiver — et l'on prend ensuite le chemin de fer militaire

Fès est une grande ville de 106.000 habitants, sur lesquels on compte 855 Européens, dont 300 Français, 10.000 Israélites et environ 95.000 Musulmans. Fondée depuis douze cents ans sur un affluent du Sebou, l'Oued Fès, la ville se divise en trois quartiers : *Fès el Bali*, le vieux Fès où se trouve le quartier commerçant musulman ; *Fès el Djedid*, Fès le neuf construit dans la seconde moitié du XIII° siècle, qui renferme les bâtiments militaires et officiels, et qui est relié à la première par le long faubourg de Bou Jeloud ; le *Mellah* ou quartier des Juifs. L'*Oued* Fès et les cascades de ses multiples dérivations arrosent ces divers quartiers, alimentant avec abondance les maisons, jardins et fontaines de la ville, entretenant aux alentours une fraîcheur délicieuse.

Dans cette immense ville, toute construite à l'indigène, les loyers sont fort chers. C'est à Fès el Bali qu'ils coûtent le meilleur marché : une maison de trois ou quatre pièces se loue de 50 à 80 francs par mois, tandis qu'à Fès el Djedid il faut compter de 100 à 150 francs, ce qui représente à peu près le prix de location d'une petite maison du Mellah. Bien entendu, les Européens ne pourront pas y demeurer éternellement, et dans leur propre intérêt on ne saurait trop leur conseiller de sortir de ces étroites et sombres ruelles indigènes pour aller s'établir à *Dar Debibagh*, plateau que vivifie l'air pur d'une brise constante et d'où l'on domine un vaste et magnifique panorama. Les camps, la gare, des hôtels, quelques villas y sont déjà construits ; des rues larges, une grande avenue plantée d'arbres, des eaux captées à 13 kilomètres de la ville agrémentent le séjour dans cette cité nouvelle qui se dessine déjà, ayant surgi en pleine guerre, grâce à la confiante énergie des Français.

Les Européens s'acclimatent très bien à Fès qui est située par 476 mètres d'altitude et connaît un climat froid en hiver (1° en janvier, février) et chaud et sec en été; les 42° et 44° degrés de juillet-août sont un peu pénibles à supporter. La température moyenne annuelle y est de 19°. Il faut toujours se méfier de la fraîcheur des nuits. Les meilleures saisons sont l'automne et le printemps d'ordinaire tempérés. Les pluies tombent d'octobre à mai dans la région de Fès qui est largement ouverte aux vents d'Ouest ; bordée par les contreforts de l'Atlas et du Rif, elle est même particulièrement favorisée à ce point de vue, car sa moyenne de précipitations pluviométriques est de 60 centimètres par an, les pluies tombant en l'espace de quatre-vingt-dix à cent jours. En dépit de sa réputation, Fès n'est pas la ville la plus insalubre du Maroc. Toutefois, comme l'acclimatement y est assez pénible, il est prudent de prendre quelques précautions d'hygiène pour pouvoir lutter efficacement contre la fièvre typhoïde, la dysenterie et le paludisme, auxquels est due en majeure partie la mortalité qui atteint une moyenne de 3,8 pour cent par an. Il est également bon de se méfier des insolations et de porter le casque colonial aux heures chaudes des jours d'été. D'ailleurs, depuis que les Européens prennent des précautions et que les services municipaux procèdent au nettoyage des rues et à la dératisation ou veillent à la bonne tenue des abattoirs et des boutiques, l'hygiène publique s'est considérablement améliorée. Les soins sont donnés aux Européens par des médecins français qui connaissent fort bien les maladies du pays. Les Européens sont hospitalisés à l'hôpital moyennant remboursement des journées d'hospitalisation, sauf cependant pour les indigents qui sont soignés gratuitement.

Le coût de la vie est assez élevé à Fès. Tous les articles d'importation valent 75 à 100 % de plus qu'en France : vins, vêtements, chaussures, articles de ménage, quincaillerie, etc., etc. Quant aux produits du pays, ils se vendent aux prix suivants : œufs, 1 fr. la douzaine ; pommes de terre, 0 fr. 75 à 1 fr. le kilo ; poulets, 2 à 3 fr. la pièce ; légumes verts, 0 fr. 50 à 0 fr. 60 le kilo ; viande de boucherie 2 à 3 fr. le kilo. Il existe six ou sept hôtels-restaurants. L'*hôtel Bellevue*, où le prix des chambres est de 8 fr. par jour ; l'*hôtel de France*, avec des prix de chambre variant de 5 à 7 fr. ; le *Grand Hôtel*, 5 à 8 fr. la chambre ; l'*hôtel de Lyon*, 5 à 10 fr. la chambre ; l'*hôtel de Paris* et l'*hôtel de la Résidence*, où on trouve des chambres à 4, 5 et 6 fr. — Le prix des repas est d'environ 4 fr., et le prix de la journée (chambre et repas) 12 à 15 fr. Les pensions au mois varient entre 150 et 180 fr.

Fès est le siège du commandement d'une région qui comprend un certain nombre de cercles et territoires, dont plusieurs constituent de véritables marches organisées à la limite des tribus berbères insoumises. Pour l'administration de la ville, il existe des organisations indigènes que le gouvernement du protectorat a laissé subsister. Il s'est contenté de les faire contrôler par le Bureau de Renseignements et la Municipalité. Les services municipaux comprennent : des services d'assistance médicale pour les indigènes, de travaux municipaux, de police et une recette municipale. Sont, en outre, installés à Fès des services de Travaux publics pour l'arrondissement, d'architecture, d'Enseignement primaire français, franco-arabes et israélites, une recette des finances, un service des Domaines, un tribunal de justice de paix, trois bureaux de P. T. T. et une église catholique. Telles sont les conditions générales de la vie à Fès ; voyons maintenant les ressources que présente le pays au point de vue de la colonisation.

II

Renseignements sur la Culture
et l'Elevage

La difficulté des communications et l'état d'insécurité des environs de Fès jusqu'à ces tout derniers temps n'ont pas permis à la colonisation de se développer dans la région de Fès. Mais aujourd'hui le chemin de fer militaire doublé d'une bonne route unit Fès à la côte et la campagne se trouve pacifiée grâce aux efforts des colonnes mobiles qui ont refoulé dans l'Atlas les tribus dissidentes. Aussi, le problème de la colonisation agricole dans cette partie du Maroc va-t-il se poser demain, surtout lorsque les communications seront établies entre Fès et l'Oranie par Taza et Oudjda. Or, à ce point de vue quelles sont les perspectives d'avenir de la région de Fès ?

a) AGRICULTURE —- Tout d'abord il importe de définir les variétés d'aspect du pays. Dans le nord, chez les Djaïa, les Sless, les Fichtala et les Hayaïana, les terres mouvementées sont composées d'ondulations marneuses où les indigènes cultivent du blé et de l'orge et soignent surtout les oliviers et la vigne qui s'accroche par petits bouquets aux pentes des coteaux. Mais ce vallonnement du pays fait précisément que cette région ne deviendra jamais un centre de grandes cultures. Par contre, l'abondance de l'eau et des oliviers rendra la région productive d'olives, favorisera les vignobles ainsi que les prairies propices à l'élevage. Les cultures maraichères s'y développeront également dans de bonnes conditions, témoin les essais qui ont été effectués dernièrement au jardin du poste de Tissa en surplomb d'une vallée de terres d'alluvions sillonnées par un oued de 50 mètres de largeur. Après un aménagement du terrain convenablement arrosé il a été possible d'obtenir successivement sur le même carré une récolte de pommes de terre au printemps, une récolte de melons en été, une récolte de poireaux ou de choux en automne et une récolte de salades en hiver. Il faut ajouter à ces quatre récoltes successives ,une cinquième : celle de la vigne dont l'importance sera considérable.

A l'Est, les cultures maraichères sont très connues chez les Beni Saden et dans le cercle de Sefrou ; mais cette région est surtout caractérisée par ses merveilleux jardins d'oliviers, de figuiers, de pruniers, de cerisiers, de noyers, de pêchers et de mûriers, aux branches desquels la vigne vigoureuse suspend ses pampes. Les jardins de Sefrou et de Bahlil sont très renommés au Maroc. Au delà, vers la montagne, commencent les forêts de chêne vert, de cèdre, d'érable, de pin, etc. Il faut revenir à l'ouest de Fès pour trouver les belles plaines à céréales. C'est, d'une part la région du Saïs où le blé dur et l'orge donnent de beaux produits et de l'autre, les Ouled Djemaa dont les douces ondulations portent les fortes terres noires si productives. Les Ouled Djemaa constituent le grenier à grains de la région : c'est dans cette tribu et sur la rive gauche du Sebou que se trouve le domaine de l'Etat « Hadjera Cherifa ». Encore plus doux sont les mouvements de terrain des Cherarga, sur la rive droite du fleuve : c'est une belle région de céréales et surtout d'élevage. On y trouve des modèles de bœufs tout à fait remarquables, d'ailleurs ses magnifiques troupeaux sont connus et estimés de tout le Maroc septentrional. Enfin, dans la vallée du Sebou qui traverse la région de Fès du sud-est au nord-ouest, sont déposées des alluvions dans lesquelles les indigènes pratiquent des cultures de courgettes, melons, pastèques, concombres, haricots, etc. Des roues élévatrices ou *norias* installées au fort courant de fleuve donnent l'eau à ces cultures

Quelques chiffres permettront de se rendre compte de l'importance des cultures de la région. Nous les donnons d'après les statistiques des surfaces ensemencées en 1918. Ce sont :

Blé dur	81.775 hect.
Blé tendre (essais)	989
Orge	65.498
Sorgho	26.239
Fèves	8.142
Maïs	8.007
Pois chiches	2.712
Cultures maraîchères	1.592
Avoine (essais)	170
Cultures diverses	1.444
Soit	196.568 hect.

Les plantations représentent 1.915.680 pieds, dont 858.338 por la vigne, 773.716 pour les oliviers, 7.267 pour les orangers et 276.359 divers (figuiers, mûriers, grenadiers, micocouliers, caroubiers, etc.). Ajoutons que les pépinières de Fès ont distribué plus de 10.000 plants d'arbres divers au cours de 1918, et que la Direction de l'Agriculture a distribué, de son côté, à titre d'essai, du blé tendre, de l'avoine, des haricots, des pois chiches, des lentilles, du sorgho, des pommes de terre. Ce sont des aides nécessaires car l'agriculture dans la région de Fès est loin d'avoir atteint son plein développement et donné le rendement que permettent d'espérer de vastes étendues de terres excellentes, presque toujours irrigables, où abondent les terres siliceuses rouges (*hamri*) et les terres noires (*tirs*), deux des meilleures catégories dans lesquelles on a l'habitude de classifier les terres du Maroc.

Un des grandes difficultés que rencontre l'Européen à s'établir dans la région est la quasi-impossibilité qu'il éprouve d'acquérir des terrains lorsqu'il arrive dans le pays. Un fait est certain et général : le Marocain n'aime pas vendre de terre au chrétien qu'il voit pour la première fois. Il faut une certaine fréquentation de part et d'autre pour « briser la glace » et pour que l'Européen puisse parvenir à ses fins. Aussi, les Français qui vivent dans la région de Fès se sont-ils pris d'autre manière. Au lieu de chercher à se procurer des terres, ils ont contracté des associations avec les indigènes, qui goûtent fort ce procédé, ou plutôt ces modes de procéder, car les associations, qui sont généralement conclues pour une année, se font suivant cinq ou six formules exposées dans l'ouvrage de M. de Périgny : *Fès la capitale du Nord*. L'associé indigène fournissant le terrain et le travail, c'est donc d'une sorte de métayage à rebours qu'il s'agit.

L'Etat n'a guère de terrain à vendre dans la région de Fès, pour l'instant. Au cours de 1918, on y a adjugé la propriété domaniale de « Ras el Ma », contenant approximativement 3.050 hectares, sur mise à prix de 150.000 francs. Bien que l'adjudication eût lieu à une époque où la situation militaire sur le front français inspirait quelque inquiétude (avril 1918), il n'y a pas eu moins de 245 enchères successives. C'est la « Société française du Maroc occidental »qui finalement a été déclarée adjudicataire moyennant un prix de 913.000 francs. Cette bataille et le prix payé montrent mieux que toutes explications l'importance que des hommes avertis des questions marocaines attachent à la colonisation dans la région de Fès. Il est à croire cependant qu'il reste quelque chose à obtenir de l'Etat au point de vue des cultures maraîchères. La Direction de l'Agriculture a déjà fait mettre en location, il y a deux ans, onze lots de trois hectares et demi situés à Fès, près de Dar Debibagh. La commission réunie pour déterminer le terrain et la superficie à lotir, avait demandé 100 à 120 hectares divisés en trois catégories de lots ; mais on a cru ne devoir mettre en location qu'une superficie plus restreinte afin de réserver des terrains pour les Français qui se trouvaient alors sur le front et qui pourraient venir à Fès par la suite. Les enchères ont monté très rapidement et les adjudicataires de ces lots, accordés pour six ans, ont payé 300 francs ce qui se louait précédemment, pour de grands lots de 10 hectares, à raison de 30 à 40 francs l'hectare.

Pour terminer avec ces brefs renseignements sur l'agriculture dans la région de Fès, il ne nous semble pas inutile d'ajouter que les rendements du blé sont en moyenne de 9 à 10 quintaux à l'hectare et que ceux de l'orge sont de 10, ce qui est presque le plus fort rendement obtenu au Maroc pour l'orge ; il n'y a qu'en Doukkala et en Abda qu'on les dépasse. Ces rendements paraîtront faibles aux Français ; que ceux-ci n'oublient pas toutefois que la qualité du sol n'est pas en jeu dans l'affaire et quil faut seules' incriminer les mauvaises méthodes culturales des indigènes. Celles-ci disparaîtront rapidement ; on peut en être d'autant plus convaincu que la région de Fès a l'avantage de posséder une belle ferme expérimentale où les Marocains trouvent à consulter des exemples de colonisation éminemment utiles. A 2 kilomètres de Fès, en effet, le domaine d'Aïn Kadous, qui couvre une superficie de 600 hectares, a reçu pour mission de hâter les progrès agricoles dans la région de Fès. Il n'y aura pas que les indigènes qui pourront tirer profit de cette institution, dont le rôle, malgré la date récente de sa création (fin 1916) est déjà important. Il est à souhaiter qu'avant de se lancer dans l'exploitation des surfaces qu'ils possèderont, les futurs colons aillent à la ferme se rendre compte des difficultés contre lesquelles ils auront à lutter et de la meilleure manière de les vaincre.

b) ELEVAGE. — La ferme d'Aïn Kadous ne représente pas seulement qu'un champ d'essai et d'enseignement pour les cultures. Largement ouverte à tous, elle montre à l'indigène ses prairies, ses foins, ses pailles et aussi le bon état de ses animaux de travail, ce qui frappe évidemment les Marocains, peu habitués à soigner le bétail. Et cependant la région de Fès constitue un important centre d'élevage. Elle possède actuellement 11.000 chevaux, 10.000 mulets, 33.000 ânes, 115.000 bœufs, 465.000 moutons, 198.000 chèvres et 12.000 porcs..

Les chevaux, dont le prix moyen d'achat est de 650 francs, sont assez fortement charpentés et proviennent

sur le marché de Fès des Oudaïa et des Hayaïana (Ouled Alliane). Le cercle de Sefrou possède des bêtes
plus petites et plus fines. Mais partout ces animaux sont
mal abrités, insuffisamment nourris et les poulains trop
tôt utilisés. Les Européens font peu l'élevage du cheval puisqu'ils n'en possèdent à eux tous que 279.

Les mulets dont les Européens ne s'occupent guère
davantage, sont les animaux qui coûtent le plus cher
au Maroc. Un mulet de selle vaut de 1.200 à 1.500
francs et un mulet ordinaire de bât de 700 à 1.200
francs. Pour la production mulassière on se sert surtout
de la jumenterie des Oudaïa et des Cherarga. On ne
saurait trop attirer l'attention des Français sur l'intérêt
qu'ils trouveront à produire du mulet ; il y a crise aujourd'hui sur cet article : crise de quantité, car l'armée
a fait une forte consommation de mulets, crise de
prix car devant la raréfaction de l'article un renchéris-
sement s'est produit.

Les ânes, qui ne présentent pas grand intérêt d'ordinaire, ne sont pas à dédaigner dans les conditions
actuelles. On devrait les utiliser davantage qu'on ne l'a
fait jusqu'ici, étant donné la cherté toujours croissante
du mulet. On a un âne pour un prix moyen de 150
francs : sa rusticité, sa sobriété et son endurance devraient le faire mieux apprécier de l'Européen.

Les bœufs et les taureaux sont, en général, beaux et
puissants chez les Ouled Djamaa, les Ouled el Hadj
de l'Oued, les Hayaïna. C'est un bétail d'une excel-
lente conformation, mais malheureusement mal nourri,
car l'indigène ignore le foin et ne fait pas de réserve
de paille. Quant aux vaches, pour les mêmes raisons
sans doute, elle ne sont pas très bonnes. Leurs qualités
laitières sont médiocres. La colonisation française aura
beaucoup à faire sous ce rapport. Les Européens n'y
possèdent encore que 122 bovins. Les prix du bétail
varient entre 250 et 500 francs. Son poids oscille entre
200 et 400 kilos.

Les moutons, d'un poids de 26 à 55 kilos, sont assez
beaux chez les Hayaïna, Cherarga, Ouled Djamaa et
dans le Guigou. Leurs laines, qui appartiennent à la

catégorie beldia — c'est-à-dire qu'elles sont des laines croisées n° 2 et n° 3 — varient de qualité : elles sont blanches et fines au Nord, fauves et grossières au Sud et teintées de rose à Fès. Cet élevage serait intéressant à condition de pouvoir enrayer la mortalité qui frappe les agneaux ; il n'est pas rare que ceux-ci périssent dans la proportion de 60 à 70 o/o de l'effectif. Les moutons se paient de 35 à 50 francs la tête. Peu d'Européens se sont adonnés à cet élevage.

Par contre, les porcs sont presque tous entre les mains des Européens. Ils se sont considérablement multipliés, puisqu'en 1916 on ne comptait encore que 175 porcs dans la région. Elevés en demi-liberté, ils reçoivent à la porcherie un complément de ration de maïs ou orge et promettent de se développer dans des conditions excellentes.

L'essor de l'élevage au point de vue européen, dépendra beaucoup des facilités qui seront données aux Français pour l'achat des terrains. Jusqu'ici on a eu recours à l'association qui se fait par contrat devant notaire indigène et dure deux à trois ans pour les bœufs, quatre à cinq ans pour les moutons et les chèvres. Généralement l'Européen achète le cheptel, l'indigène soigne les animaux et le croît, le lait, la laine sont partagés par parts égales. Pour les chevaux, le propriétaire donne une jument à compte à demi pendant trois ou quatre ans à un associé qui a le droit de faire travailler la bête aux labours et de la monter. Le bénéfice des produits est partagé par moitié. A noter que les terres de parcours sont biens des tribus et que l'on se trouve actuellement quasi dans l'impossibilité d'en acheter. On doit avoir recours à la location. Mais pour que celle-ci soit intéressante, il faudra adopter le système des baux à longs termes.

En résumé, la région de Fès s'ouvre toute neuve à l'élevage. Au début de 1917 elle était encore dans le même état où le Protectorat l'avait trouvé en 1912 ; ce n'est que depuis peu de temps que des progrès considérables ont été réalisés. L'élevage est d'ailleurs l'objet de toute la sollicitude du Protectorat. Le service de l'Elevage s'occupe de la surveillance sanitaire du bétail, de sa conservation et de son amélioration, par des tournées d'inspection vétérinaire, et propage dans le bled les bonnes méthodes zootechniques. Il organise chaque année des concours régionaux, au cours desquels plus de 5.000 francs ont été distribués, et installe des stations de monte à Fès, Tissa, Sefrou, où les juments des éleveurs européens ou indigènes sont saillies sans frais. Ces stations ont obtenu un grand succès en 1918 : il y a eu 666 saillies.

Ajoutons à ces renseignements que les Européens se livrent à l'élevage du lapin, de la poule, du canard, de l'oie, du dindon et que des essais de sériciculture — jadis florissante à Fès — ont été tentés avec succès ces dernières années. En 1918 il y a eu 78 éleveurs qui ont obtenu 2.023 kilogs de cocons frais. C'est un élevage qui demande à être encouragé, car l'industrie de la soie doit renaître à Fès pour ne pas laisser disparaître dans un éternel oubli l'un des plus importants et plus vieux métiers du Maroc.

Telles sont les perspectives agricoles de la région de Fès. Actuellement le colon y a le choix entre les merveilleuses terres de la vallée du Sebou si propices à l'élevage et à la culture des céréales, et celles de la plaine du Saïs, dont l'irrigation, très ancienne, fait l'admiration des spécialistes. Demain, dès que la propriété foncière sera organisée et établie sur des bases solides, que la pacification des tribus turbulentes des montagnes sera encore plus avancée, la région de Fès offrira à la colonisation un champ d'action très étendu. Il faut déjà s'en préoccuper. Que les capitalistes désireux de produire aillent visiter la région de Fès ! Ils reviendront enchantés de leur voyage et chargés d'un gros programme d'action. Ils n'auront pas dans l'avenir à regretter leur initiative.

III

Le Commerce et l'Industrie

De Tanger, de Larache, de Kenitra, de Rabat, d'Oudjda par Taza et de Bou Denib par Kasbat el Magh-zen, des pistes ou des routes, parfois les deux mainte-nant, aboutissent à Fès, devenu ainsi un des grands centres d'attraction et de dispersion du Maroc. On éva-lue à une vingtaine de millions de francs le mouvement moyen de ses affaires chaque année, mouvement qui se trouve presque en entier entre les mains des indigènes, arabes ou israélites. C'est à Fès que la montagne insou-mise et les régions de la haute Moulouya viennent s'ap-provisionner en marchandises européennes que Tanger et Oudjda envoient au Maroc par charges de chameaux de 150 à 200 kilos; c'est également de Fès que partent à destination de l'Afrique du Nord et du Sénégal les produits fabriqués par les indigènes. Aussi le marché de Fès est-il des plus réputés.

Les éléments de ce trafic sont surtout fournis par l'importation qui offre des articles pour indigènes, car la population européenne est si peu nombreuse dans la région qu'elle ne saurait donner lieu pour l'instant à un commerce de quelque intérêt. On doit donc rechercher, si on veut s'établir négociant à Fès, la fourniture des articles demandés par les Arabes, à savoir, le sucre, le thé, la soie grège, les soieries, les bougies, les coton-nades, la verrerie, les produits tinctoriaux, etc. Il y a de belles affaires à réaliser dans cette branche qui a été éprouvée par la guerre. La rareté de l'argent ayant amené une plus grande prudence de la part de maisons de gros et la mobilisation générale des moyens produc-teurs ayant entraîné des livraisons plus difficiles et sur-tout beaucoup moins considérables, ont de suite entravé la constitution de stocks importants. Immédiatement les prix de vente ont subi une hausse appréciable. Celle-ci s'est surtout fait sentir à Fès sur les tissus, dont les tractations constituent une très grosse partie des affaires commerciales de la place : draps, satins, cachemires, tissus de soie et tissus anglais ont tous augmenté de prix dans de très sensibles proportions ; c'est ainsi que des articles achetés autrefois 825 francs les cent coudées (drap bleu fin) valent à présent 2.250 francs. D'une façon générale, ces produits ont presque doublé de valeur et cette proportion d'augmentation de 100 o/o est parfois trop faible pour déterminer les prix payés en ce moment. D'autres produits manufacturés, vendus couramment à Fès, ont vu aussi leur valeur marchande sensiblement accrue : ce sont les faïences, la verrerie fine, la quincaillerie, les ustensiles en fer émaillé. Par contre, la verrerie ordinaire subit actuellement une baisse ; sa valeur était passée de 10 fr. 5 (les 100 verres) à 60 francs ; elle est revenue à 30 francs. Les articles d'alimentation et de première nécessité ont suivi la même progression de hausse, et le sucre, par exemple, a doublé de valeur. Il y a toutefois lieu de penser que ces différentes denrées n'augmenteront plus et que grâce aux mesures prises par le protectorat pour éviter la spéculation et assurer en même temps le ravitaillement rationnel des grands centres, les prix pourront descendre à des taux raisonnables, se rapprochant de ceux d'avant-guerre.

Bref, en ce qui concerne les marchandises d'importation de provenance européenne, le marché de Fès a subi une hausse assez considérable du fait du ralentissement de la production et de la rareté de certains produits. Il serait donc intéressant que les industriels français se missent à accepter les commandes que passeront les indigènes et à faire tous leurs efforts pour livrer dans le minimum de temps. Les produits qu'il y aurait lieu d'acheminer ainsi seraient surtout les draps, les soieries et les cotonnades, d'une part ; la verrerie, les faïences et les ustensiles en fer battu et émaillé d'autre part. Ce sont d'ailleurs presque en totalité toutes les marchandises bon marché dont l'Allemagne, avec ses extrêmes facilités de paiement faites aux acheteurs et son assimilation quasi-parfaite des goûts spéciaux du pays, avait inondé la région à un tel point que certains commerçants en posséderaient encore quelques quantités. D'autre part, nos industriels devraient se mettre à fabriquer des bougies de paraffine pour concurrencer les importations anglaises. Des efforts doivent être faits en ce sens par la présentation d'un produit de remplacement : la bougie de stéarine. Mais il faut au préalable arriver à convaincre les musulmans car ceux-ci sont persuadés que la stéarine est à base de graisse de porc. Le succès est plus certain pour quiconque introduira des produits tinctoriaux dont le marché est dépourvu. Une simple comparaison des prix pratiqués avant les hostilités et aujourd'hui est la meilleure raison qui puisse être invoquée pour expliquer l'état actuel des affaires en produits tinctoriaux; telles couleurs dont le kilo se vendait en 1914 5, 10 ou 15 fr., valent actuellement 150, 200 et même 500 francs le kilo; la potasse, enfin, dont le baril valait 55 francs coûte en ce moment 500 francs. Il en est de même pour le cuivre qui se paie 500 fr. les 100 kilos et la gomme à apprêter les tissus de soie fabriqués sur place qui valent 850 fr. les 100 kilos, etc.

A l'exportation, les produits marocains donnent toujours lieu à de brillantes affaires lorsque la récolte est bonne. On traite des céréales, du blé, de l'orge, du sorgho, des fèves, du maïs rouge, des pois chiches, des alpistes, de la laine, des peaux de bœufs, des poils de chèvres, des queues de bœufs, des cornes, de la cire brute, puis des babouches, des haïks et des chiffons. Ces exportations ne représentent guère plus de 4 à 5 millions de francs, car Fès n'a pas pu jusqu'ici développer son commerce d'exportation, 1° parce que les tribus dissidentes limitrophes n'ont pas encore pu lui apporter tous leurs produits, et 2° parce que les transports jusqu'aux ports d'embarquement sont incommodes et coûteux. Lorsque ces deux obstacles auront disparu, le commerce de Fès augmentera sensiblement. Mais il va sans dire que pour traiter ces affaires, il faut disposer de gros capitaux et connaître la langue arabe. Ce n'est pas aux petites bourses qu'on peut conseiller ce négoce très important et très délicat; à celles-ci seront réservées les opérations de détail dans des magasins pour Européens : alimentation, bazars, boulangeries, boucheries, blanchisseries, cafés, charcuteries, etc., etc. Mais comme il existe déjà de nombreux magasins de ce genre et qu'il faut éviter aux futurs colons des désillusions, on doit prévenir ceux-ci qu'ils seraient imprudents de partir au Maroc sans s'être renseignés au préalable et qu'il est indispensable de venir étudier sur place les possibilités de création. Rien ne peut remplacer le voyage d'études.

Au point de vue industriel, Fès possède de nombreuses industries locales. La meunerie indigène occupe 250 moulins, et les industries de la laine, de la soie, du cuir, de l'argile, du bois, du métal y sont très développées. Toutes ces industries marocaines sont groupées en corporations, comme chez nous au moyen âge. Les industries européennes naissent à côté de ces corporations. Dans la ville nouvelle, par exemple, M. Lévy a installé une minoterie à laquelle la force motrice est fournie par la Compagnie fasi d'électricité. M. Pichelin a de son côté monté une briquetterie et M. Penié une fabrique de tuyaux en ciment. La Société Afrique-Congo a entrepris la construction d'une usine à chaux et d'une usine à plâtre aux environs de Fès. Le comptoir Maroc-Métropole a installé dans la Médina une usine traitant le sang desséché pour engrais et les chiffons de coton et de laine effilochés pour l'exportation. Enfin, un groupe oranais édifie actuellement une minoterie, une fabrique de pâtes alimentaires, une huilerie et une savonnerie. Et ce n'est que le commencement, car nous ne pouvons pas prévoir tout ce qui se montera à Fès. Disons seulement qu'il s'agit là d'une ville d'avenir au point de vue commercial et industriel et à laquelle le tourisme, s'il le fallait, donnerait le plus vif essor. A ce dernier point de vue l'automobile et l'hôtel nourriront bien leurs hommes. Que les industriels et les capitalistes ne l'oublient pas !

LA RÉGION DE MEKNÈS

Meknès se trouve à 60 km. de Fès et à 160 km. de Rabat. C'est par Rabat qu'on s'y rend communément, soit par l'automotrice, en sept heures, avec arrêt-buffet à Aïn-Djemaa (prix 55 francs), soit par le chemin de fer militaire, en deux journées (28 francs en seconde, 15 francs en troisième classe). Meknès est une ville heureuse. La faveur d'un sultan lui valut jadis d'être élevée au rang de « Versailles marocain » et, après avoir joui des honneurs de la cour impériale, la voici aujourd'hui qui s'élance, sous l'impulsion de la France, vers des destinées prospères. Il semble donc opportun, à cette heure où bien des Français songent à se créer une situation, de passer en revue les éléments de cette prospérité.

I

La ville de Meknès

Meknès est une grande ville de 35.000 habitants, sur lesquels on ne compte encore que 1.300 Européens. Le nombre de ces derniers va certainement s'élever rapidement, car la région de Meknès est favorable au peuplement européen. D'après le professeur Gentil, c'est une région privilégiée à tous les points de vue et qui doit être classée comme l'un des points les plus remarquables de toute l'Afrique du Nord. Le plateau sur lequel est bâtie Meknès, entouré de collines et de montagnes, est doté d'un climat tempéré et méditerranéen. La moyenne annuelle y est de 17°, avec des écarts extrêmes de — 1° et de 44°. Les vents de l'Océan amènent des pluies qui tombent en abondance l'hiver

(55 à 60 cm.), mais le pays ne connaît pas l'humidité pénétrante des plaines de l'Atlantique et il y fait moins froid qu'on ne pourrait le supposer, étant donnée son altitude de 600 mètres, grâce à la présence du massif du Zerhoun. Les étés sont chauds, mais secs, grâce à quoi on peut supporter les chaleurs sans fatigues. Au fond, le climat de Meknès rappelle celui de l'Europe méridionale, et cette ressemblance est corroborée par la similitude de la flore ; la végétation spontanée ou expérimentée rapproche Meknès de la Provence au point de vue climatique : orangers, mandariniers, citronniers poussent en pleine terre, et les magnolias et lauriers s'y développent de façon extraordinaire.

On comprend dès lors que la ville de Meknès ait attiré des Européens : 1.300 y sont venus entre juin 1911 et août 1914, et cette population fait vivre un important commerce de détail. On compte déjà plusieurs épiceries, des boulangeries, des pâtisseries, des bazars, des quincailleries, des tailleurs, des coiffeurs, des marchands de chaussures, un pharmacien, etc. On y trouve également quelques hôtels : *Sultan-Hotel*, chambre de 5 à 6 fr., journée d'hôtel avec repas 13 fr., pension au mois (chambre et repas) 270 fr.; *Hôtel de la Résidence*, journée 15 fr., pension au mois, 295 fr.; *Hôtel Gagnardot*, pas de restaurant, chambre 5 à 6 fr.; *Hôtel de la Poste*, pension au mois 260 fr. Un nouvel hôtel, plus confortable que les précédents, s'édifie aux abords de la gare dans la nouvelle ville.

Car le vieux Meknès, si pittoresque, en surplomb de la riante vallée du Bou-Fekrane et ceint d'énormes remparts, se prête mal au développement d'une ville moderne. Aussi, pour favoriser l'essor du futur grand centre de colonisation qui se dessine, les autorités françaises ont-elles décidé de créer une ville nouvelle, de l'autre côté du Bou-Fekrane, sur le plateau de Ras Aghil, qui est couvert d'oliviers séculaires au travers desquels on a ouvert de belles avenues. Les lotissements ont déjà commencé, et une centaine de parcelles destinées à l'habitation, au commerce de détail, au commerce de gros et à la petite industrie ont été déjà vendues. Pour lancer le lotissement, des prix exceptionnels ont été consentis pendant les années 1917-1918 : vente, 1.75 à 3.50 le mètre carré; location de gré à gré pour une durée de cinq ans moyennant le prix de 0.15 le mètre, avec faculté d'achat. Les personnes qui désirent acquérir des lots doivent s'adresser au chef des services municipaux de Meknès. Chaque jour, des immeubles sortent de terre, car on a compris la situation exceptionnelle de ces nouveaux quartiers au point de vue économique. Non seulement le plan de la ville a été dessiné par M. Prost, le grand architecte des nouveaux quartiers d'Anvers, mais le Protectorat y exécute d'ofes et déjà tous les travaux d'aménagement : boulevards, égouts, eaux, bâtiments publics : église, mairie, écoles, marché, etc. L'importante gare du Tanger-Fès sera établie en plein centre de ces quartiers et dès maintenant la station du chemin de fer militaire permet aux constructeurs de recevoir à pied-d'œuvre les matériaux importés de la côte et aux négociants de faire venir les marchandises dans les meilleures conditions de prix. Le camp militaire, qui s'étend tout à proximité, assure une clientèle immédiate au commerce de détail. Ajoutons que cette clientèle est importante, car Meknès est un gros centre de commandement et la tête des postes qui s'échelonnent, à travers le Moyen Atlas, jusqu'à Bou-Denib, dans le Maroc Oriental.

On peut aussi envisager pour Meknès un brillant avenir commercial et industriel. Le commerce de gros avec les indigènes 'est, notamment, particulièrement intéressant. Voici en quelques mots sa situation actuelle. Meknès est presque uniquement un centre d'importation. Les quelques industries locales, que nous mentionnons plus loin, ne visent qu'à satisfaire strictement les besoins de la ville, et les exploitations agricoles ne sont pas encore assez importantes pour chercher des débouchés à l'extérieur. Du fait de la guerre, le commerce d'importation aux 125.000 indigènes de la région de Meknès a été ralenti, car certains articles ont cessé d'arriver à Meknès et d'autres ont considérablement renchéri. D'ailleurs, les maisons françaises n'ont pas fait l'effort nécessaire pour prendre la place des Austro-Allemands, et les firmes importantes de la côte ne se sont pas décidées davantage à ouvrir des comptoirs à Meknès. C'est donc un marché presque nouveau à conquérir.

Comme articles d'écoulement certain et avantageux, signalons les traditionnels thés, bougies, cotonnades, pour lesquels l'Angleterre s'efforce de conserver sa suprématie, et les sucres de Marseille, puis les marchandises fournies autrefois par l'Allemagne : quincaillerie, cuivres, cartels, coucous, machines à coudre, verrerie à dorures et coloriée; tasses à thé, objets de zinc émaillé, draps de qualité inférieure, etc. On demande aussi des poivres et des épices, que Marseille n'envoie pas en quantité suffisante, des fers de Suède, des tapis genre oriental jusqu'à ce jour de provenance anglaise, des plateaux, samovars en métal argenté importés de Manchester, des soieries de Lyon, etc. En résumé, Meknès souffre de la pénurie des marchandises, particulièrement des produits que fournissait l'Allemagne : ceux-ci sont en effet introuvables sur le marché. Il est dès lors à craindre que si les maisons françaises hésitent à faire l'effort nécessaire pour satisfaire la clientèle marocaine, le commerce étranger ne profite de la situation pour prendre les lieu et place de nos ennemis.

Il n'est pas douteux, du reste, que le commerce de Meknès soit tout prêt à donner sans réserve à la production française la place importante usurpée par la camelote allemande. Il suffira que chez nous on veuille bien faire preuve d'un sens commercial pratique et avisé. La supériorité de qualité et de goût du produit français ne rencontrera les sympathies du Marocain qu'autant que les maisons françaises ne heurteront pas ses méthodes de commerce et ses préférences. C'est dire que nous devons avant tout, si nous voulons réussir, nous plier au goût de l'indigène et à ses habitudes. Non seulement, il s'agit de copier les modèles les plus recherchés des Marocains et d'attirer le commerçant par une publicité adaptée au pays, telle qu'échantillonnage gratuit ou mieux création à Meknès d'un magasin de commandes sur échantillon, mais ce qu'il faut surtout c'est s'organiser pour consentir des longs délais de paiement à la clientèle indigène. Cette condition *sine qua non* de la conquête de tout marché marocain a été réalisée par nos ennemis avec beaucoup de sens commercial. Ils ont toujours consenti à leurs clients des crédits très longs. Le délai de paiement d'abord fixé à 3 ou 6 mois était ensuite presque indéfiniment renouvelé, puisque la date d'émission de certaines valeurs saisies par les séquestres français remontait ainsi à plus de trois ans. A Meknès les crédits ouverts aux clients dépassaient souvent 10.000 francs. Ces traites portaient intérêt à 5 0/0 et constituaient un bon placement pour l'Allemand qui n'en trouvait pas chez lui de meilleur. Le client indigène, de son côté, y gagnait beaucoup, puisqu'il ne pouvait se procurer sur place de l'argent liquide qu'à un taux beaucoup plus élevé. Mais ces prolongations de crédit ont l'avantage d'enchaîner à coup sûr les négociants au vendeur. Aussi les Allemands se sont-ils toujours arrangés pour que le compte de leurs clients restât en débit. Le seul risque de ce système est le non paiement des valeurs arriérées. Ce risque se trouve toutefois réduit au maximum : d'une part, parce qu'un négociant honorable de Meknès éprouve une véritable terreur à se voir assigné devant les tribunaux par un négociant européen, et, d'autre part, parce que les courtiers doivent savoir donner à leurs maisons des renseignements sûrs au sujet de la solvabilité des clients. Les offices et bureaux économiques créés dans la plupart des villes du Maroc par le Protectorat sont en mesure de renseigner les nouveaux venus à cet égard.

On nous excusera d'avoir insisté un peu sur ces considérations commerciales spéciales au Maroc. Elles ont partout leur importance dans ce pays qui ne demande qu'à se développer. Meknès surtout est un centre d'avenir grâce à sa situation géographique, car, déjà bien desservie par un réseau routier qui la relie à Fès (60 km.), Rabat (160 km.), et Kenitra (130), elle est située sur les deux grandes voies Tanger-Fès et Casablanca-Oran, et deviendra la « plaque tournante » des chemins de fer marocains. C'est elle, en outre, qui ravitaillera le Moyen-Atlas et la région sud du Maroc Oriental que l'on pacifie aujourd'hui. Sa zone d'influence commerciale sera donc considérable.

Au point de vue industriel les perspectives d'avenir ne sont pas moindres. Avant la guerre des Européens avaient installé une huilerie, une briqueterie et une minoterie. Depuis il s'est créé une seconde minoterie à cylindres, une scierie mécanique et une imprimerie. Ces industries ne peuvent que prendre une importance parallèle à celle des cultures et à celle de la reconnaissance du sous-sol. N'a-t-on pas lieu d'espérer, en effet, une intéressante exploitation des gisements pétrolifères du Tselfat et du Zerhoun, des schistes bitumineux, des argiles de Meknès, des mines de sel gemme de Melaleh et des ardoisières du Moyen-Atlas ? La pierre à chaux, la pierre à plâtre, les grès ne manqueront certainement pas, d'autre part, d'attirer l'attention des industriels dans un pays où la construction doit prendre une intensité particulière. Enfin, Meknès ne pourra manquer d'avoir, dans un avenir prochain, sa fabrique de pâtes alimentaires et de biscuits, sa brasserie avec fabrique de glace alimentaire; ses usines de crin végétal pour traiter le palmier-nain, de lumière et de force électrique ; ses scieries pour débiter les chènes et les cèdres des forêts de Jaba, de Rabat et Bahar; ses huileries pour traiter les olives du Zerhoun ; ses usines de conserves de fruits : oranges, figues, abricots, pêches, poires, etc... L'éloignement des ports et l'élévation du coût des transports entraîneront, en contre-partie des inconvénients de la distance de la mer, des avantages pour les manufactures locales, dont l'installation est quasi sollicitée par l'abondance de force hydraulique qu'offre la région de Meknès : oueds Beht, bou Fekran, Rdom, etc., ainsi que de nombreuses sources. Pour terminer, signalons encore le succès d'une entreprise de transports automobiles, car Meknès est un nœud routier de premier ordre : vers la montagne où se trouvent les plus grandes forêts de chênes et de cèdres de l'Afrique du Nord, vers la ville de Taza qui commande le passage de l'Oranie, vers les grandes plaines du Gharb si propices à l'élevage et vers la vallée du Sebou dont la fertilité attire la colonisation. Et ceci sans préjudice de l'attrait qu'exerce la ville de Meknès elle-même, aux richesses artistiques incomparables et encastrée dans deux sites-bijoux qu'on ne saurait trop recommander aux touristes : le Djebel Zerhoun qui cache la pittoresque ville musulmane de Moulay Idriss et les superbes ruines romaines de Volubilis, situées à 20 km. de Meknès.

II

Le Bled de Meknès

Dans une intéressante étude qu'a publiée la Société de Géographie du Maroc, le commandant Arnaud résume ainsi les avantages du pays : la douceur du climat, un régime de pluies suffisantes, des forces hydrauliques et des sources abondantes, l'existence de matériaux de constructions joints à la richesse naturelle du sol font de la région de Meknès une des plus privilégiées de la région du Gharb. On partage cette opinion lorsqu'on connaît bien le *bled* de Meknès. Celui-ci comprend deux parties distinctes : le plateau des Zemmours la plaine du Saïs et les premiers contreforts du Moyen-Atlas ; puis la montagne qui commence à El Hadjeb et Agouraï en marquant une ascension brusque de 500 mètres. Nous ne reviendrons sur ce que nous avons déjà dit du climat que pour ajouter les caractéristiques de la partie montagneuse. Le climat des plateaux (1.200 mètres d'altitude moyenne) où sont établis les postes d'Ifrane, d'Ito, est rude en hiver. Le thermomètre y descend jusqu'à — 12°. La neige couvre souvent en couche épaisse ces vastes terrains peu peuplés. Elle alimente les nappes d'eau qui entretiennent le débit des sources toute l'année chez les les Beni Mtir et les Beni Mguild. Les journées de soleil y sont nombreuses et c'est ce qui explique la transhumance de bon nombre de tribus de la plaine. L'été les orages sont fréquents.

Nous ne noterons ici les cultures de la région que pour en énumérer les principales, car toutes sont possibles et donneront aux colons des résultats certains. Dans la plaine les céréales viennent très bien (blé 250.000 quintaux, orge 240.000 quintaux, maïs 90.000 quintaux), ainsi que les légumineuses (pois chiches 4.000 quintaux, fèves 14.000 quintaux, luzernes, lentilles, etc), qu'on cultive avec succès. La densité de semence est, en moyenne, de 200 à 250 kilos de grains à l'hectare, et le rendement est de 10 à 12 pour un avec le blé et l'orge, de 40 à 50 pour un avec le maïs. Dans les plaines irriguées, le riz donne de beaux résultats, notamment chez les Arab du Saïs et les Beni Mtir. La production serait de 35 pour un chez les O'Djedida, Mahdouma, N'Ja, etc. La partie sud de la région est riche en fourrages spontanés : la campagne de 1917 a permis de recueillir plus de 14.000 quintaux de foin naturel, et ce chiffre est appelé à augmenter rapidement et proportionnellement à l'étendue des territoires nouvellement soumis. La culture maraîchère enfin est à signaler comme l'une des plus rémunératrices. Aux environs de Meknès, abondamment arrosés, tous les légumes de France viennent admirablement, mais les terrains y sont très morcelés, difficiles à acquérir et chers : 150 à 300 francs l'hectare, pour les terres non irriguées ; 1.000 francs et au-dessus, pour les terres irriguées.

55 à 60.000 hectares sont chaque année mis en valeur dans cette région ; les surfaces ensemencées, dans ce total, par les Européens, sont encore insignifiantes: à peine présentent-elles 600 hectares cultivés en blé, orge, avoine, fèves, maïs et pois chiches. C'est un peu moins de la moitié des terres que les Français possèdent dans la région (1.350 hectares). Les propriétés domaniales louées à des Européens ne sont pas comprises dans ce dénombrement. Le 1ᵉʳ octobre 1917, on a, en effet, loué, pour une période de trois ans, 54 parcelles d'une contenance variant de 2 à 150 hectares. Le loyer est payable à l'enlèvement des récoltes et, au plus tard, le 15 septembre de chaque année au Service des Domaines, à Rabat. Toutefois, une somme égale au quart du mon-

tant de la première annuité est exigible immédiatement le jour de l'adjudication. Ces locations de terrains domaniaux aux Européens permettent une exploitation plus rationnelle et plus intensive du domaine de l'Etat et encouragent en même temps la colonisation. C'est dire qu'elles sont très recherchées.

Une autre initiative de l'administration, celle-là très connue en France de ceux qui ont l'intention d'aller coloniser au Maroc est la création du centre de colonisation de *Petitjean*, à 45 kilomètres de Meknès, et à 28 de Dar-bel-Hamri, dont la gare dessert la région Petitjean est un centre administratif et industriel en formation. Le village comprend 70 lots à bâtir — 60 sont déjà attribués —, sur lesquels 20 sont construits. Il existe un hôtel-restaurant, un bureau de postes et télégraphes, une école, une infirmerie indigène et une station de monte. Le marché du jeudi, qui est très important, se tient à 1.200 mètres du village. A la fin de 1918, huit lots, d'une superficie totale de 200 hectares, ont été mis en vente, sur la base de 150 francs l'hectare, ce qui faisait varier le prix des lots entre 30.000 et 45.000 francs ; ces prix étaient payables en dix annuités. Les terrains vendus sont traversés par les routes et voies ferrées (en cours de construction) de Rabat-Fès et de Tanger-Fès, le croisement de ces artères se faisant à Petitjean même. Un lotissement spécial, réservé dans cette région pour les Français mobilisés ou prisonniers de guerre, sera adjugé après la signature du traité de paix. Les terres de Petitjean sont fort argileuses ou argilo-calcaires, sans cailloux, défrichées presque en entier sur la plus grande partie, et profondes de 5 à 6 mètres. Ces *tirs* conviennent à toutes sortes de cultures céréalières et printanières et aux plantes de grande culture qui donnent des résultats dans la zone littorale d'Algérie et de Tunisie. Il tombe, en moyenne, 40 centimètres d'eau, de novembre à mai, et une nappe souterraine phréatique, à 12 mètres environ, fournit une eau séléniteuse. Cette région se prête ainsi à l'élevage du bœuf, du mouton et du porc.

Les personnes qui s'intéressent à l'élevage consulteront avec beaucoup de profit l'étude très documentée que M. le vétérinaire Aubry a consacrée aux conditions, à la production et aux débouchés de l'élevage dans la région de Meknès, dans le *Bulletin de la Société de géographie du Maroc* (juillet 1918). On y voit que la valeur quantitative et qualitative du cheptel de cette zone permet de bien augurer de l'avenir. Pour l'instant l'élevage qui n'est pratiqué en somme que par les indigènes, se fait suivant les traditions ancestrales, c'est-à-dire sans méthode : la nourriture, les abris, la reproduction sont absolument négligés. Le cheval barbe marocain (8.500) offre quelques modèles harmonieux chez les Beni Mtir et les Guerrouans où il existe des plateaux non cultivés. Il se paye de 400 à 600 fr. actuellement. Sa valeur est donc moindre que celle du mulet (6.188 têtes) qui ne coûte guère moins de 700 fr.; un gros mulet de selle se paye même jusqu'à 2.000 francs. Un dépôt d'étalons et une jumenterie installés à Meknès offrent aux colons des facilités particulièrement appréciées. Les bovins, au nombre d'une cinquantaine de mille, sont d'un poids moyen de 350 kilos pour les mâles et 250 pour les femelles à la bonne saison; leur taille moyenne est de 1 m. 25. Ils appartiennent à la race brune de l'Atlas. On peut estimer à 25.000 vaches laitières l'effectif de toute la région de Meknès qui paraît être la seule du Maroc où l'élevage des vaches laitières donne, dès à présent d'excellents résultats. Les bonnes laitières donnent en effet 10 à 11 litres de lait par jour, mais la moyenne pour la région ne dépasse pas 8 litres en pleine lactation. L'industrie du lait y est réalisée par une corporation placée sous le commandement de chefs indigènes. Ajoutons que des concours laitiers et beurriers qui se succèdent chaque année à Meknès depuis 1916 on peut déduire que le kilo de beurre s'obtient industriellement avec 26 litres de lait. La meilleure beurrière a donné 16 litres de lait au kilo de beurre. Le beurre frais européen vaut sur place dans les 12 francs le kilo; le litre de lait 0 fr. 70. Au point de vue de la teneur en matières grasses, le lait de Meknès est absolument comparable aux meilleurs laits de France.

Au point de vue de l'aptitude à la viande, le bœuf donne en rendement de 45 à 52 o/o suivant la saison, mais c'est le mouton qui est le plus intéressant. Il atteint facilement 50 et 60 kilos, avec rendement de 46, 47 o/o. On le trouve d'ailleurs partout, plus spécialement dans la zone sud où les pâturages sont étendus. Les laines du pays sont utilisées par les indigènes pour la fabrication de beaux tapis, de couvertures, de burnous, de haïks, etc. Signalons enfin, les chèvres très en honneur chez les Berbères et dont le troupeau est important (53.000 têtes); les porcs (2.000 têtes) qui ont un poids moyen de 80 à 100 kilos et sont produites par de nombreux éleveurs amateurs qui manquent de verrats pour rafraîchir le troupeau; puis la volaille qui ne demande aucun effort et donne des œufs pesant en moyenne 45 grammes. Le chaponnage est pratiqué par les Beni Mtir.

En outre des cultures et de l'élevage, le *bled* de Meknès se prête à l'arboriculture et possède des forêts. Aussi est-il un des plus favorisés du Maroc. Dans les montagnes ensoleillées du Zerhoun et des Cherarda et tout autour de Meknès toutes les espèces d'arbres fruitiers des pays tempérés forment de magnifiques jardins. On y compte 260.000 oliviers, 45.500 citronniers et 1.240.000 figuiers, pruniers, grenadiers, cognassiers, vignes, poiriers, pêchers, néfliers, etc. Le mûrier pousse également à Meknès et dans le Zerhoun. Corrélativement à cette richesse de la zone nord, les forêts du sud constituent une source de revenus pour les Berbères de la montagne, puis pour l'administration du protectorat qui s'est chargée, depuis 1916, de la conservation, de la mise en valeur des forêts du Moyen-Atlas. Elle a pris à sa solde les 200 bûcherons d'Aïn Leuh, Azrou, Ben-Smin et Ifrane et exploite, avec leur concours, les forêts de cèdres et de chênes qui constituent la richesse de la montagne. Les chênes que l'on rencontre sont le chêne-vert sur les sols rocheux et secs dans la proportion de 3/4 et le chêne-zéen de préférence dans les vallées à sol profond, dans la proportion d'un quart. Il y a égale-

ment le chêne-afarès, à feuilles de châtaignier et quelques chênes-lièges. Le chêne-vert fournit un bois lourd
qui convient parfaitement à la confection des traverses
de chemin de fer, au charronnage, etc. Le chêne-zéen
convient aux mêmes usages que le chêne de France.
Quant au cèdre il pourra être utilisé par la menuiserie
fine pour la fabrication des meubles. Ces bois pourront
bientôt être amenés sur rail d'Aïn Leuh à Meknès par
la ligne projetée et de Meknès au port d'embarquement
par le chemin de fer existant.

On devine que les sous-bois doivent être magnifiques :
forêts, eaux, cascades, constituent, en effet, une richesse
dont on pourra tirer parti, dans un avenir plus ou
moins lointain, au point de vue touristique. Mais déjà
on peut visiter les environs de Meknès, qui présentent
une multitude de sites pittoresques, buts de charmantes
excursions : Oued Ouislam, Tocolosida, Volubilis, Moulay Idriss, le parc aux autruches de Meknès, le seul de
l'Afrique du Nord, méritent de retenir l'attention des
touristes, au grand avantage de Meknès la privilégiée
pour qui s'annoncent d'heureux jours.

PIERRE MALLERET.

PARIS
IMPRIMERIE GEORGES CADET
7, RUE CADET, 7
—
1919

www.ingramcontent.com/pod-product-compliance
Lightning Source LLC
Chambersburg PA
CBHW061141050726

47594CB00005B/2281